I0077167

BARREAU DE POITIERS

LA

REPRÉSENTATION DES PAUVRES

EN

MATIÈRE DE LIBÉRALITÉS

DISCOURS

PRONONCÉ

A LA SÉANCE SOLENNELLE DE LA REOUVERTURE DE LA CONFÉRENCE
DES AVOCATS STAGIAIRES

Le 18 Janvier 1902

PAR

M. DESMAREST

AVOCAT A LA COUR D'APPEL

Secrétaire de la Conférence

POITIERS

IMPRIMERIE BLAIS ET ROY

7, RUE VICTOR-HUGO, 7

1902

LA
REPRÉSENTATION DES PAUVRES
EN
MATIÈRE DE LIBÉRALITÉS

DISCOURS

PRONONCÉ

A LA SÉANCE SOLENNELLE DE LA RÉOUVERTURE DE LA CONFÉRENCE
DES AVOCATS STAGIAIRES

Le 18 Janvier 1902

PAR

M. DESMAREST

AVOCAT A LA COUR D'APPEL

Secrétaire de la Conférence

POITIERS

IMPRIMERIE BLAIS ET ROY

7, RUE VICTOR-HUGO, 7

—

1902

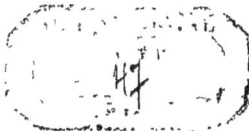

IMPRIMÉ AUX FRAIS DE L'ORDRE PAR DÉCISION DU CONSEIL

Aujourd'hui 18 janvier 1902, à deux heures, l'Ordre des avocats à la Cour d'appel de Poitiers s'est réuni en robe, dans la salle d'audience de la première chambre de la Cour d'appel, pour assister à l'ouverture des Conférences des avocats stagiaires.

Étaient présents : MM. ARNAULT DE LA MÉNARDIÈRE, bâtonnier, président, PARENTEAU-DUBEUGNON, ORILLARD, DRUET, SÉCHET, BARBIER, anciens bâtonniers; MM. FAURE, MÉRINE, DUFOUR D'ASTAFORT, membres du Conseil de l'ordre ; MM. DE LEFFE, POULLE, ORILLARD, ROBAIN, LÉVRIER, LABONDE, MORAND, GUICHARD, ASSELIN et LIGEOIX, avocats inscrits au tableau.

La barre est occupée par MM. les avocats stagiaires.

M. le Bâtonnier déclare ouverts les travaux de la Conférence, puis il donne la parole à Mᵉ DE ROUX, qui lit une étude sur les *Droits de la recherche scientifique*, et à Mᵉ DESMAREST, qui étudie *la Représentation des pauvres en matière de libéralités*.

Le Bâtonnier règle le service de la Conférence pour les séances ultérieures, puis la séance est levée à quatre heures.

LA REPRÉSENTATION DES PAUVRES

EN MATIÈRE DE LIBÉRALITÉS

MONSIEUR LE BATONNIER,

MESSIEURS,

Dans la lutte engagée contre la pauvreté et les misères de toute sorte qui naissent d'elle, le premier rôle appartient à la charité privée, qu'elle se manifeste par l'action d'individus pris séparément ou qu'elle soit le résultat d'un accord intervenu entre plusieurs personnes agissant alors comme membres d'une association, d'une collectivité quelconque.

Ce rôle découle du devoir qui incombe à ceux qui possèdent de venir en aide à ceux qui n'ont rien, aux indigents. Elle est belle et féconde, Messieurs; l'idée qui fait du riche le dépositaire, le gérant du bien des pauvres.

Le riche ne possède pas pour jouir seul de sa fortune; il doit en faire profiter les pauvres. Après avoir prélevé ce qui lui est nécessaire et utile, il est tenu de leur remettre au moins une partie du superflu.

C'est pour lui un devoir. C'est par conséquent pour lui un droit et un droit non équivoque, un droit certain de se dépouiller d'une partie de ses biens en faveur des pauvres.

Mais, soit que les riches s'acquittent mal de leur rôle, soit que la pauvreté se montre trop exigeante et la misère trop profonde, la charité privée est insuffisante : il reste toujours quelque chose à faire.

C'est alors qu'apparaît la nécessité de l'intervention de l'Etat, dont le rôle, ici comme partout, est de seconder les efforts individuels.

Bien que subsidiaire, ce rôle est considérable.

L'Etat est tenu d'assister les pauvres. C'est pour lui une obligation, un devoir.

Mais c'est un devoir complexe.

En effet, si l'Etat est tenu de suppléer à l'œuvre individuelle en créant, par exemple, des établissements charitables là où il n'y en a pas, ou en favorisant le développement de ceux qui existent déjà, il est aussi tenu de veiller à ce que la charité privée s'administre au mieux de l'intérêt des pauvres, afin qu'ils en retirent le plus de bénéfices possibles.

Et cette dernière tâche n'est pas la moindre, car d'elle découle, pour l'Etat, une nouvelle mission très importante.

En s'occupant des pauvres, l'Etat doit prendre garde d'empêcher les riches d'accomplir leur devoir; il doit plutôt leur en faciliter l'exécution, en mettant à leur disposition une bonne législation et des institutions qui leur permettent de réaliser sans effort leurs intentions charitables et même, au besoin, qui les provoquent.

Prendre en main les intérêts des pauvres, mais, en ce faisant, ne pas gêner les riches dans l'exécution de leur devoir, telles sont les deux considérations qu'il ne faut pas perdre de vue quand il s'agit d'organiser la charité privée.

C'est ce qui rend l'intervention de l'Etat si délicate et souvent si difficile en cette matière.

En effet, il est porté à sortir de son rôle. Il empiète alors sur le domaine de la charité privée ; il tend à se substituer à elle, au préjudice des riches dont il lèse les droits, au préjudice des pauvres auxquels il nuit en voulant trop les protéger.

La question que je voudrais examiner aujourd'hui avec vous, Messieurs, appartient justement à l'organisation de la charité privée.

C'est pourquoi il m'a semblé bon de rappeler ces principes qui dominent toute la matière.

On peut diviser en deux parts principales le patrimoine constitué aux pauvres par la charité privée.

Une partie de ce patrimoine, la moindre, je crois, parvient directement aux pauvres : elle leur est distribuée le plus souvent de la main à la main, sans passer par celle d'un intermédiaire.

C'est ce qu'on appelle l'aumône, strictement entendue.

Ici, une intervention de l'Etat, une organisation quelconque de la charité ne se comprend guère. Elle serait difficile pour ne pas dire impossible et toute réglementation à cet égard risquerait fort de n'être pas obéie.

Je sais bien que le législateur peut proclamer l'interdiction de l'aumône et, en fait, dans le cours de l'histoire, cette manière de faire la charité a été plusieurs fois prohibée, sous prétexte qu'elle était un encouragement donné à la mendicité en même temps qu'une atteinte portée à la dignité humaine. C'est ainsi que l'art. 16 de la loi du 24 vendémiaire de l'an II décidait : « Tout citoyen qui sera convaincu d'avoir donné à un mendiant aucune espèce d'aumône, sera condamné par le juge de paix à une amende, de deux journées de travail; l'amende sera double en cas de récidive. »

Cette proscription de l'aumône améliora-t-elle le sort des pauvres? Il est permis d'en douter, et, sans vouloir entrer dans une plus grande discussion sur ce sujet, je crois qu'il faut se résigner à la voir pratiquée tant que durera le monde : c'est un mal nécessaire, si toutefois c'est un mal.

D'ailleurs, la part qui profite aux pauvres de ce chef est relativement de peu d'importance et on peut la négliger.

Mais il n'en est pas de même de l'autre partie du patrimoine des pauvres. En effet peu de personnes se contentent de l'aumône.

Nombreuses, au contraire, sont celles qui pensent ne s'être pas acquittées de leur devoir quand elles ont mis quelques pièces de monnaie dans la main d'un indigent.

Et alors, soit qu'elles se jugent mal placées pour connaître la misère, soit qu'elles ne veuillent pas se donner la peine de l'approcher et d'aller la chercher là où elle est vraiment, elles s'adressent à un intermédiaire qu'elles chargent de remettre aux pauvres ce qui leur est destiné. Cet intermédiaire sera le représentant des pauvres : il recevra, acceptera, gérera et distribuera le patrimoine qui leur aura été ainsi constitué.

Quel sera ce représentant des pauvres? Il ne pourra pas être n'importe qui, car la mission qui lui incombe est délicate et exige des qualités spéciales.

Ne pourra-t-on pas lui imposer des conditions d'honorabilité, de capacité, de solvabilité ou autres?

Sans doute la personne charitable aura pris ses mesures et choisi quelqu'un qui possède sa confiance. Mais, si elle s'est trompée; ne sera-t-il pas possible d'empêcher la dilapidation de biens si précieux?

Ici l'Etat devra incontestablement intervenir. Quel sera son rôle? Aura-t-il le droit d'indiquer à la charité privée un représentant des pauvres? Pourra-t-il le forcer à se servir de cet intermédiaire? Sinon, aura-t-il le droit de déterminer les garanties que devra offrir tout représentant des pauvres? Pourra-t-il enfin le surveiller et contrôler son administration?

Autant de questions qui se posent dans cette matière de la représentation des pauvres et qui recevront une réponse par l'examen de notre législation et de notre jurisprudence tant administrative que judiciaire.

Une des principales difficultés de cette matière vient de ce que la notion des pauvres est vague. Il y en a de nombreuses espèces et il est souvent embarrassant de les classer. A quel moment précis commence-t-on d'être pauvre? Cela variera avec chaque individu, car l'un sera riche où l'autre sera misérable.

Et, si l'on n'est pas fixé sur le point de savoir qui est pauvre, comment s'y prendra-t-on pour donner aux pauvres un représentant?

Aussi, en présence de cette difficulté, nos pères, gens simples et positifs, au lieu de chercher à les classer par catégories scientifiques pour donner à chaque catégorie un représentant spécial, se contentèrent-ils de les grouper par commune, par paroisse, pour organiser l'assistance.

Nous lisons déjà dans un capitulaire de Charlemagne de l'an 813 (1) : « Que chaque commune nourrisse ses pau-

---

(1) V. cap. de l'an 813, cap. II. *Recueil des capit.*, lib. II, cap. 10.

vres ; qu'il ne soit point permis aux mendiants d'errer dans le pays. »

A la commune était dévolu le soin d'entretenir ses pauvres et à des organes communaux celui de les représenter. Cette règle fut suivie dans tout le cours de l'ancien régime. C'est ainsi qu'un édit du mois de juillet 1547 porte (1) : « Nous voulons et ordonnons qu'ils soient nourris, secourus et entretenus par les paroissiens de chaque paroisse, qui en ceste fin en feront faire les roolles par les curé ou vicaire et marguilliers, chacun en son église et paroisse pour leur distribuer en leur maison, ou en tel autre lieu commode qui sera advisé..... ......l'aumône raisonnable. Et à ce seront employés les deniers provenans des questes et aumosnes, qui se recueillent par chacun jour tant aux églises que par les maisons desdites paroisses. »

A son tour, l'ordonnance de Moulins du mois de février 1566 (2), dans son article 73, s'exprimait en ces termes sur ce sujet : « Ordonnons que les pauvres de chacune ville, bourg ou village seront nourris et entretenus par ceux de la ville, bourg ou village dont ils seront natifs et habitants, sans qu'ils puissent vaguer et demander l'aumône ailleurs qu'au lieu duquel ils sont. Et à ces fins seront les habitants tenus à contribuer à la nourriture desdits pauvres selon leurs facultés, à la diligence des maires, eschevins, consuls et marguilliers des paroisses. »

Enfin, un édit du mois de mai 1586 renouvelait la même règle.

(1) V. Isambert. *Recueil général des anciennes lois françaises*, t. XIII, page 23.
(2) V. Isambert, tome XIV.

Comme on le voit, le soin des pauvres n'était pas réservé exclusivement à une personne ou à un organe déterminés. Il était laissé à toutes les personnes qui, soit par leur qua-'lité, soit par leur fonction, pouvaient et devaient naturellement veiller sur le sort des déshérités de la fortune. On pouvait s'adresser à l'une d'elles quand on voulait faire une libéralité en faveur des pauvres. Aucune différence n'était établie entre elles et toutes étaient traitées sur le même pied à ce point de vue : le curé et son vicaire, les maires, eschevins, consuls, les marguilliers et, par conséquent, les fabriques, avaient le droit de s'occuper d'assistance.

Bien plus, l'énumération de ces personnes n'était pas limitative et rien n'empêchait les généreux donateurs de choisir une autre voie pour atteindre leur but, en instituant, par exemple, un hôpital, une association ou même une congrégation charitable.

On évitait les formalités compliquées et l'on arrivait ainsi à donner beaucoup en peu de temps.

Puis, à l'instigation de Saint Vincent de Paul, furent créés, par une déclaration du mois de juin 1664, les bureaux de charité ou bureaux des pauvres.

Ces nouveaux établissements ne modifiaient pas profondément les pratiques suivies pendant plusieurs siècles : ils en étaient plutôt une émanation.

D'ailleurs, il n'était pas plus que par le passé créé de droit exclusif à leur profit, comme le prouve ce passage de *Furgole* (1) : « L'institution et toute autre disposition faite aux pauvres sans autre désignation, dit *Furgole*, doit ap-

---

(1) *Furgole. Traité des testaments*, lib. I, chap. VI, section I, paragraphes 86 et 87.

partenir à l'hospital des malades du lieu du domicile du testateur; que s'il n'y a pas d'hospital dans le lieu, la distribution des biens laissés doit être faite aux pauvres mendiants
et autres qui sont dans la ville ou dans le lieu où le testateur avait son domicile. Si le testateur a nommé et expliqué
la qualité des pauvres auxquels il laisse ses libéralités, ceux
qui sont nommés ou désignés devront en profiter à l'exclu-
sion de l'hospital et de tous autres pauvres. »

De même, l'ordonnance de 1731, dans son article 8,
rappelle beaucoup les anciennes dispositions. Il est ainsi
conçu : « L'acceptation pourra aussi être faite par les administrateurs des hôpitaux, Hôtels-Dieu ou autres semblables
établissements de charité, autorisés par nos lettres patentes
enregistrées en nos cours ; et par les curés et marguilliers
lorsqu'il s'agira de donations entre vifs faites pour le service divin, pour fondations particulières, ou pour la subsis-
tance et le soulagement des pauvres de leur paroisse. »

Donc, dans le dernier état de notre ancien droit, aucun
établissement charitable n'avait le monopole de l'assistance,
qui était organisée par commune et par paroisse. Tous pouvaient être institués et tous avaient le droit d'accepter des
libéralités faites en faveur des pauvres. Si cependant aucun
n'était désigné spécialement et si la disposition s'adressait
aux pauvres en général, il semble, d'après l'ordonnance de
1731, que les curés et marguilliers, c'est-à-dire la fabrique,
avaient le droit d'en revendiquer le bénéfice pour procéder
ensuite, selon leur gré, à une répartition des secours.

Survint alors la Révolution, qui bouleversa les idées et
les pratiques en cours. La constitution de 1791 commença
par déclarer qu'il serait créé et organisé un établissement
général de secours publics pour élever les enfants abandon-

nés, soulager les pauvres infirmes et fournir du travail aux pauvres valides qui n'auraient pu s'en procurer.

A son tour, la Convention proclama, le 24 juin 1793, dette nationale et sacrée l'obligation de secourir les malheureux.

En conséquence, elle décréta la création d'un budget spécial destiné à fournir des fonds de secours, la constitution d'une caisse de prévoyance nationale et, pour alimenter cette caisse, elle prescrivit la vente des biens des hôpitaux et des établissements charitables.

Enfin, par le décret du 22 floréal de l'an II, elle institua un livre de la Bienfaisance nationale sur lequel devaient être inscrits ceux qui avaient droit aux secours de la nation.

Ainsi, désormais, il ne devait plus y avoir de pauvres que ceux jugés tels par une commission spéciale qui fonctionnait dans chaque département et, les pauvres disparaissant, les établissements charitables devenaient inutiles, à l'exception toutefois de celui nouvellement créé par le décret du 22 floréal de l'an II.

Tous les secours y étaient centralisés pour, de là, être répartis dans les départements : la charité privée n'avait pas d'autre voie pour se produire ; elle était détruite et remplacée par la charité légale, l'assistance exclusive de l'Etat.

Cette législation peu pratique n'eut pas le succès qu'on en avait attendu et elle resta, pour ainsi dire, lettre morte.

La loi du 28 germinal de l'an IV suspendit la vente des biens des établissements de bienfaisance et celle du 16 vendémiaire de l'an V rendit aux hospices leurs biens non vendus. Puis l'on revint bientôt aux anciens errements en réorganisant l'assistance par commune.

La loi du 7 frimaire an V, en instituant les bureaux de bienfaisance, s'inspira beaucoup de l'état de choses antérieur à la Révolution. Ils devaient être établis dans chaque commune pour distribuer les secours à domicile. En même temps, les lois révolutionnaires étaient expressément rapportées et, à l'assistance légale, était substitué un système plus compatible avec les manifestations de la charité privée.

Les entraves étaient levées, semble-t-il, et la charité redevenait libre.

Ce nouveau système, inauguré par la loi du 7 frimaire de l'an V, fut complété par les articles 910 et 937 du Code civil, qui sont ainsi conçus :

Art. 910. — « Les dispositions entre vifs ou par testament, au profit des hospices, des pauvres d'une commune, ou d'établissements d'utilité publique, n'auront leur effet qu'autant qu'elles seront autorisées par une ordonnance royale. »

Art. 937. — « Les donations faites au profit d'hospices, des pauvres d'une commune, ou d'établissements d'utilité publique seront acceptées par les administrateurs de ces communes ou établissements, après y avoir été dûment autorisés. »

Telle est la législation qui nous régit encore aujourd'hui en matière d'assistance.

Dans cette législation, on revient à l'ancienne division des pauvres par commune. Mais nous ne verrons par réapparaître, dans toute son intégrité, l'ancien système de la représentation des pauvres.

Quels sont donc aujourd'hui les représentants des pauvres ?

Pour répondre à cette question, il faut distinguer deux

hypothèses. Ou bien la personne charitable a fait sa libéralité en instituant les pauvres d'une façon générale, sans désigner expressément tel intermédiaire plutôt que tel autre ; ou bien elle a institué une catégorie spéciale de pauvres en nommant une personne ou un établissement déterminé auquel elle a confié sa libéralité.

Pour le premier cas, le législateur a dû se préoccuper d'indiquer quelqu'un qui pût intervenir en tout état de cause en faveur des pauvres et revendiquer la libéralité en leur nom, ce que l'on pourrait appeler un représentant légal. Dans ce but, il a dû, interprétant la volonté de la personne charitable, poser une règle qui se rapprochât autant que possible de la vérité et qui statuât d'après ce qui a lieu habituellement.

Or, quand une personne fait une libéralité en faveur des pauvres, sans indiquer quels pauvres elle a entendu gratifier, il n'est pas possible qu'elle ait voulu instituer tous les pauvres.

Il est plus logique de supposer qu'elle a entendu gratifier seulement les pauvres qu'elle a connus, ceux qui l'ont approchée de plus près, les pauvres de sa commune. Ce raisonnement très simple, le législateur l'a fait et, après avoir décidé, dans l'art. 937 du Code civil, qu'il appartenait aux administrateurs des communes, c'est-à-dire aux maires, d'accepter les libéralités faites au profit des pauvres d'une commune, il en a conclu, dans l'art. 3 de l'ordonnance du 2 avril 1817, que « l'acceptation des dons et legs autorisés sera faite... par les maires des communes, lorsque les dons ou les legs seront faits au profit de la généralité des habitants ou pour le soulagement et l'instruction des pauvres de la commune ».

Les maires sont donc aujourd'hui les représentants lé-
gaux des pauvres. A eux appartient le droit d'accepter les
libéralités faites en faveur des pauvres en général, à eux de
les administrer et de les répartir.

Cette solution, qui semble toute naturelle, n'est pourtant
pas admise sans restriction ni sans contestation.

Pour la plupart des auteurs, le représentant légal des
pauvres, c'est le bureau de bienfaisance institué par la loi
du 7 frimaire an V et, pour la jurisprudence tant administrative que judiciaire, la tendance est de décider que le
maire n'est que subsidiairement le représentant légal des
pauvres.

Ces opinions ne me paraissent pas fondées.

En effet, d'après la loi du 7 frimaire an V, les bureaux de
bienfaisance ont à s'occuper seulement des indigents qui ne
sont pas dans les hospices. Leurs fonctions « seront, dit
« l'art. 4, de faire la répartition des secours à domicile ».
« Chaque bureau de bienfaisance, dit l'art. 8, recevra les
dons qui lui seront offerts. »

Comme on le voit, les bureaux de bienfaisance n'ont
pas la tutelle légale des pauvres; ils n'ont, en matière
d'assistance, qu'une mission limitativement déterminée :
celle de faire la répartition des secours à domicile et il faut
qu'une libéralité leur soit offerte expressément pour qu'ils
puissent la recevoir. Ils ne paraissent avoir aucun droit à
réclamer les libéralités faites aux pauvres en général et, si
on les leur attribue, non seulement on ne respecte pas la
loi, mais encore on risque de violer l'intention de la personne charitable qui a entendu gratifier tous les pauvres
de sa commune, alors que les bureaux de bienfaisance en
représentent seulement quelques-uns. N'est-il pas préfé-

rable de ne faire intervenir qu'une personne, le maire, qui représente tous les intérêts de sa commune et qui pourra faire une distribution générale des secours entre tous les établissements charitables de sa circonscription, sans oublier le bureau de bienfaisance ?

Quoi qu'il en soit, loin de vouloir reconnaître aux maires les attributions qu'ils tiennent du Code civil et de l'ordonnance de 1817 en matière d'assistance, la tendance actuelle est de les réduire le plus possible et même, au besoin, de les supprimer.

Jusqu'en 1893, il y avait près de vingt mille communes dépourvues de bureau de bienfaisance. Dans ces communes le maire restait le représentant légal des pauvres par la force des choses.

Le législateur est alors intervenu et, par la loi du 15 juillet 1893, il a créé, dans chaque commune, un nouvel établissement chargé de s'occuper des pauvres. C'est le bureau d'assistance. Ce nouvel organe charitable a spécialement pour fonctions d'assurer le service de l'assistance médicale gratuite. Mais, dans les communes où il n'y a pas de bureau de bienfaisance, il en possède toutes les prérogatives.

C'est, suivant l'exposé des motifs, un nouvel acheminement vers une concentration plus complète des services d'assistance.

On voudrait appliquer à la France entière le système qui fonctionne à Paris depuis la loi du 10 janvier 1849, d'après laquelle tous les services charitables sont centralisés dans les mains de l'administration générale de l'assistance publique.

Cependant ce résultat n'a pas encore été atteint et le maire conserve encore en fait un rôle important dans sa

**

commune au point de vue qui nous occupe : il supplée les établissements communaux, quand ceux-ci ne peuvent pas fonctionner.

On a été sur le point de faire un pas de plus vers la centralisation. Mais le projet de réforme dans ce sens présenté au Sénat par le ministre de l'Intérieur, le 23 novembre 1897 (1), n'a pas abouti, en sorte qu'à l'heure actuelle je crois les maires fondés en droit à revendiquer les libéralités faites aux pauvres sans indication d'intermédiaire.

Il est vrai qu'en fait ce droit reste pour eux lettre morte, le plus souvent.

Aussi bien, les personnes charitables, croyant mieux faire respecter leur volonté, prennent-elles soin, dans la plupart des cas, de désigner l'intermédiaire auquel elles confient leur libéralité. Voyons si elles y réussissent.

Cet intermédiaire sera tantôt une personne physique, tantôt une personne morale.

Si la libéralité en faveur des pauvres s'adresse à un établissement reconnu qui a pour but l'assistance, rien de mieux : il n'aura qu'à obtenir l'autorisation exigée par l'art. 910 du Code civil pour accepter et recueillir la libéralité.

En créant et en favorisant de tels établissements, l'Etat remplit son devoir : il facilite l'exercice de la charité privée et les pauvres en profitent.

On ne peut que louer son intervention dans ce sens, et, toutes les fois qu'il consent à lever une entrave et qu'il permet à la charité privée de se développer plus librement, il faut lui en savoir bon gré.

(1) V. *Journal officiel* du 16 et du 23 novembre 1898, séances des 15 et 22 novembre.

A ce point de vue, la loi du 4 février 1901, qui rend plus facile, dans certains cas, l'autorisation nécessaire pour l'acceptation des dons et legs faits aux établissements charitables et la loi du 25 février 1901, qui, dans son article 19, réduit à neuf pour cent les droits de mutation exigibles en cas de dons et legs faits à ces mêmes établissements, constituent asssurément un progrès qu'il faut reconnaître.

Malheureusement, il reste encore trop d'entraves qui gênent l'action privée et l'empêchent de faire tout ce dont elle est capable. On en trouve dans notre législation actuelle et la jurisprudence, dans l'application et l'interprétation de la loi, l'aggrave et la rend plus sévère encore, s'il est possible.

Ainsi, pourquoi, alors qu'en Allemagne il est si facile de créer une nouvelle fondation, est-il chez nous presque impossible d'y arriver, à cause des nombreuses démarches et formalités nécessaires. Il est regrettable que notre législation se montre si exigeante. Mais il y a plus. Qu'une personne charitable, désirant faire une libéralité en faveur des pauvres, institue un établissement qui n'a pas pour fonctions spéciales de s'occuper d'assistance; bien que cet établissement soit autorisé et reconnu d'utilité publique, on décide qu'il ne pourra pas profiter de cette libéralité. Un principe s'y oppose, principe invoqué par la jurisprudence pour les besoins de sa cause. C'est le principe de la spécialité, fiction d'après laquelle les personnes morales, recevant de la loi des attributions strictement déterminées, doivent s'y cantonner sans essayer d'en sortir.

D'après cette théorie, la loi, en créant les personnes morales, si toutefois c'est elle qui les crée, ne leur donne pas la plénitude de la vie, qui les rendrait aptes à toutes les fonctions. Elle ne leur donne qu'une vie incomplète. Pour elles, l'incapacité est la règle et la capacité l'exception.

Pour caractériser ce principe, MM. Baudry-Lacantinerie et Colin s'expriment ainsi, dans leur traité des donations (1) : « Simples fictions de la loi civile, les personnes morales du droit administratif ont chacune une mission déterminée et exclusive. En établissant les conditions de leur existence, la loi, qui les crée, fixe leur rôle social en même temps qu'elle précise leur capacité et règle leurs droits et leurs devoirs. Viennent-elles à sortir du cercle où la loi les a renfermées, leur personnalité cesse. »

Bien des objections s'élèvent contre cette théorie.

Pourquoi la personne morale n'aurait-elle pas, comme la personne physique, la plénitude de la vie, du moment qu'elle existe et qu'elle est reconnue ?

Aucun texte ne limite la capacité des personnes morales et le Code civil, en exigeant d'elles, dans l'art. 910, une autorisation du Gouvernement pour accepter les libéralités qui leur sont faites, n'entend pas mettre de bornes à leur champ d'action.

Concluons donc avec M. Hauriou (2) : « La personnalité juridique est une en soi, la même pour tous, cela est vrai pour les établissements comme pour les hommes. »

Cependant ce principe de la spécialité est mis en pratique et l'Etat s'en fait une arme à son profit.

Il se comprendrait encore s'il n'était appliqué qu'à ces personnes morales qui sont plus directement une émanation de la loi, parce qu'elles ont pour but d'assurer les fonctions des différents services publics, organisés pour

(1) V. Baudry-Lacantinerie et Colin. *Donations,* I, nᵒ 409.
(2) V. Hauriou. *Précis de droit administratif,* 1897, p. 128.

les besoins d'un peuple, d'une époque et d'un gouvernement. Dans ce cas, la spécialisation « évite, comme dit
M. Planiol, tout empiètement, tout double emploi, prévient
tout désordre ».

Mais il est d'autres personnes morales qui sont anté-
rieures à toute loi. La loi ne fait que les reconnaître et les
confirmer. Elles ne lui doivent rien, elles existent sans elle,
car elles répondent à des besoins qui sont de tous les temps
et de tous les lieux.

Tels sont l'Eglise et les établissements ecclésiastiques
qui existent, non pas parce qu'ils ont reçu de l'Etat le
souffle qui les anime, mais parce qu'ils se sont imposés à
lui.

Leur appliquera-t-on le principe de la spécialité ? « Ici,
dit M. Planiol, le principe de la spécialité ne fonctionne
plus conformément à sa première raison d'être. Quand il
spécialise ses propres établissements, l'Etat fait de la bonne
administration, il organise ses services selon un programme
bien conçu et bien ordonné. Quand il spécialise les établissements ecclésiastiques, le but qu'il poursuit est de s'assurer le monopole de l'enseignement et de l'assistance (1). »

Ce qui est vrai pour l'Eglise et les établissements ecclésiastiques est vrai pour d'autres, mais c'est justement à
propos de ceux-là que fonctionne le plus souvent le principe
de la spécialité.

Que vont devenir les libéralités ainsi faites à des établissements qui n'ont pas pour mission spéciale de s'occuper
des pauvres ? S'appuyant sur le principe de la spécialité,
l'administration leur refuse l'autorisation nécessaire pour
l'acceptation. La conséquence de ce refus devrait être logi-

(1) V. Planiol. Note sous cass., 22 mai 1894, D. 95, 1, 217.

quement la caducité de la libéralité, en vertu de l'article 910 du Code civil.

Mais alors ce seraient en définitive les pauvres qui souffriraient le plus de l'application du principe de la spécialité, leur patrimoine se trouvant diminué d'autant.

L'administration ne peut se résoudre à admettre une telle solution et elle a recours à une autre fiction qui la tire d'embarras, à son avantage. C'est le principe de la substitution. L'établissement institué n'étant pas autorisé à accepter, on lui substitue celui qui correspond à l'objet que la personne charitable a eu en vue.

C'est, par exemple, une fabrique qui a été chargée de distribuer une certaine somme aux pauvres.

D'après le principe de la spécialité, elle est déclarée incapable de recevoir cette libéralité. Mais, comme les pauvres y perdraient trop si la libéralité était caduque, elle est attribuée au représentant légal des pauvres, c'est-à-dire, d'après l'opinion de l'administration, au bureau de bienfaisance.

Le principe de la spécialité se trouve ainsi corrigé par celui de la substitution. Très bien, mais de quel droit l'administration s'arroge-t-elle un tel pouvoir ? Remplacer le légataire désigné par le testateur par une autre personne, n'est-ce pas violer une des règles les plus élémentaires du droit ? N'est-ce pas refaire le testament ?

Pour justifier cette manière d'agir, l'administration invoque des raisonnements subtils.

D'après elle, l'établissement institué dans le testament n'est pas le véritable légataire; il n'est qu'un simple mandataire, tout au plus un exécuteur testamentaire.

Le véritable légataire, ce sont les pauvres. C'est donc à eux que doit aller la libéralité, qui sera remise à leur représentant légal, c'est-à-dire au bureau de bienfaisance.

D'après l'administration encore, on se trouve ici en présence d'une disposition à titre gratuit faite sous une condition illicite. On lui applique l'article 900 du Code civil, d'après lequel la condition illicite est réputée non écrite. Il reste alors une libéralité faite en faveur des pauvres dont le bureau de bienfaisance doit bénéficier.

Telles sont les raisons que donne l'administration pour légitimer sa théorie, qu'elle applique même au cas où l'établissement désigné au testament n'a pas d'existence légale, n'ayant pas été reconnu d'utilité publique.

Malheureusement, ce sont des raisons spécieuses, car le plus souvent elles sont démenties par les faits.

La théorie à laquelle elles servent de base est donc bien fragile. Elle est, en outre, dangereuse.

Où s'arrêtera-t-elle en effet? Ne devra-t-on pas l'appliquer au cas où l'intermédiaire chargé de distribuer la libéralité aux pauvres sera un simple particulier, une personne quelconque, un ami, par exemple, du testateur? Ce sera alors le règne complet de l'arbitraire.

Mais, si on ne l'applique que dans les cas où le raisonnement de l'administration correspond à la réalité des choses, alors on risque de ne pas la mettre souvent en pratique.

Pour s'en rendre compte, il suffit de jeter les yeux autour de soi. En nommant les pauvres dans son testament, que se propose la personne charitable?

Sans doute, elle a bien en vue le soulagement de la misère. Mais le plus souvent la cause impulsive et déterminante de sa volonté, celle sans laquelle la libéralité n'aurait pas été faite, c'est justement la condition prétendue

illicite par l'administration, l'institution de cet établissement non reconnu ou de cet autre établissement reconnu
qui n'a pas l'assistance pour fonctions spéciales. Le point
de savoir qui administrera son aumône est pour elle le
point capital. Peut-être même le vrai mobile de son acte
généreux a été de donner à l'établissement désigné les
moyens de remplir sa mission et d'étendre son influence
sociale.

Dans ce cas, l'établissement institué est bien un véritable
légataire ; c'est bien à lui que s'adresse la libéralité et non
pas à la masse des pauvres représentée par le bureau de
bienfaisance.

La preuve qu'il en est ainsi, c'est que la plupart des libéralités de ce genre sont faites en faveur d'établissements
ecclésiastiques, tels que les fabriques et les consistoires
protestants et israëlites, ou bien en faveur de personnes
désignées à l'attention du donateur par leur caractère
religieux.

C'est d'ailleurs surtout à propos de ces libéralités que
fonctionne le principe de la spécialité et son dérivé, le
principe de la substitution.

Eh bien, en présence d'un legs fait à un curé pour les
pauvres de sa paroisse, peut-on soutenir que les pauvres
sont les seuls légataires ?

Ne sera-t-il pas plus conforme à la réalité d'admettre que
le curé est le véritable légataire ; et que la disposition charitable a été faite pour lui permettre d'accomplir son minis-
tère, qui comprend non seulement la simple administration du culte, mais encore le soulagement de toutes les
misères, tant matérielles que morales ?

Et alors, la conclusion logique qui s'impose impérieusement, si l'on admet la théorie de l'administration, c'est la caducité, la nullité de la disposition tout entière.

Cependant, ne pouvant se résoudre à cette conséquence rigoureuse, la jurisprudence administrative consent à apporter quelques tempéraments à son système en s'appuyant sur une nouvelle fiction imaginée à cet effet, la théorie des charges d'hérédité.

Grâce à cette théorie, quand la libéralité est d'une somme modique et qu'elle est destinée a une distribution immédiate, on la considère comme une charge d'hérédité et l'établissement institué est autorisé à l'accepter.

Mais, s'il s'agit d'une libéralité plus importante ou d'un revenu à distribuer perpétuellement, l'autorisation est toujours refusée et le bureau de bienfaisance en profite.

En somme, la théorie des charges d'hérédité n'est qu'une concession accordée par l'administration, qu'elle manie à son gré et qui lui permet de remédier à certains inconvénients de son système.

S'en contenter serait vraiment se montrer trop peu exigeant, surtout quand on a le droit pour soi.

En effet, en ce qui concerne les fabriques, qui sont souvent gratifiées de legs charitables, il est facile de constater que notre législation leur est très favorable.

L'art. 76 de la loi du 18 germinal an X, qui fixe les fonctions générales des fabriques, s'exprime ainsi : « Il sera établi des fabriques pour veiller à l'entretien et à la conservation des temples, à l'administration des aumônes. »

Ne semble-t-il pas résulter de ce texte que l'intervention des fabriques en matière d'assistance est légale ? Cependant plusieurs auteurs interprètent le mot aumônes dans le sens de dons faits en faveur du culte. Pourquoi cette interpréta-

tion restrictive? N'est-il pas plus logique de prendre ce
mot dans son sens ordinaire. Portalis, un des principaux
rédacteurs des articles organiques, est tout à fait de cet
avis : « Comment serait-il possible, écrivait-il dans un
rapport à l'empereur, le 16 avril 1806, de penser que les
fabriques sont exclues du droit d'administrer les aumônes
qu'elles reçoivent? Dans ce système, il faudrait aller jusqu'à
dire qu'il leur est interdit d'en recevoir, c'est-à-dire il
faudrait détruire la liberté naturelle qu'ont les hommes qui
consacrent une partie de leur fortune à des aumônes, de
choisir les agents de leur bienfaisance et de leur libéralité.
La loi a prévu elle-même que les fabriques auraient des
aumônes à administrer. »

Et dans un autre rapport à l'empereur en date du 30 décembre 1806, il s'exprimait ainsi : « On voudrait donner
à entendre que le mot aumônes ne s'applique qu'à ce qui a
été donné pour les frais du culte. Mais : 1º jamais le mot
aumônes n'a été appliqué à de pareils dons ; il faudrait
renoncer à toutes les notions du droit canonique pour con-
fondre des objets qui ne se ressemblent pas et qui ont toujours été exprimés par des mots différents ; 2º on lit, dans
l'art. 76, qu'il sera établi des fabriques pour veiller à l'entretien, à la conservation des temples, à l'administration
des aumônes. Il est évident que le législateur a très bien
distingué le soin de l'entretien et de la conservation des
temples d'avec l'administration des aumônes ; ce sont là
deux choses qu'on ne peut identifier quand la loi les
sépare. »

Enfin, dans une lettre à l'évêque d'Autun, il revient sur
le même sujet : « L'objet de leur établissement (des fabri-
« ques) se rapporte autant au bien des pauvres qu'à l'uti-

« lité des églises. Le mot « aumône » n'est pas une expres-
« sion limitée à une distribution manuelle de deniers, il
« comprend tous les legs pieux que la charité destine ou
« peut destiner au soulagement du malheur ou de la mi-
« sère (1). »

Cette interprétation prévalut devant le Conseil d'État de
1806 qui était occupé à discuter le projet de décret relatif à
l'administration des fabriques. On supprima de l'exposé
des motifs un considérant qui donnait au mot aumônes le
sens de libéralités faites pour les frais du culte.

D'ailleurs, avant la Révolution, comme nous l'avons vu,
les fabriques s'occupaient incontestablement des pauvres.
Si le législateur de l'an X avait voulu leur retirer cette
fonction, il se serait prononcé expressément sur ce point.
Or, non seulement il ne la leur retire pas, mais il la leur
reconnaît explicitement.

Des textes postérieurs à la loi de l'an X sont venus confirmer cette manière de voir.

Telle est d'abord la loi du 2 janvier 1817 qui, dans son
article I, décide : « Tout établissement ecclésiastique re-
« connu par la loi pourra accepter avec l'autorisation du roi
« tous les biens meubles, immeubles ou rentes qui lui se-
« ront donnés par actes entre vifs ou par acte de dernière
« volonté. »

Dans ce texte, le législateur, en reconnaissant la propriété ecclésiastique, donne aux établissements destinés à en
profiter le droit d'en jouir « avec le caractère et le but que
« l'église lui assigne ».

Le décret du 15 février 1862 abonde dans le même sens,

---

(1) *Revue pratique du droit français*, 1899, t. XLI, p. 445 et s.

il est ainsi conçu : « L'acceptation des dons et legs faits
« aux fabriques des églises sera désormais autorisée par
« les préfets, sur l'avis préalable des évêques, lorsque ces
« libéralités n'excéderont pas la valeur de mille francs, ne
« donneront lieu à aucune réclamation et ne seront grevées
« d'autres charges que l'acquit de fondations pieuses dans
« les églises paroissiales et de dispositions au profit des
« communes, des hospices, des pauvres ou des bureaux de
« bienfaisance. »

Donc les fabriques peuvent accepter non seulement les
libéralités grevées de fondations pieuses, mais encore celles
qui contiennent des dispositions au profit des pauvres.

Pareil droit existe en faveur des conseils presbytéraux et
des consistoires protestants. D'après l'art. 20 des articles
organiques des cultes protestants : « Les consistoires veil-
« leront au maintien de la discipline, à l'administration
« des biens de l'église et à celles de deniers provenant des
« aumônes. »

Puis la loi du 1er août 1879, dans son article 10, s'exprime ainsi : « Le conseil presbytéral est chargé de veiller
« à l'ordre, etc..... Il administre les aumônes et ceux des
« biens et revenus de la communauté qui sont affectés
« à l'entretien du culte. » Enfin l'art. 19 de la même loi
est ainsi conçu : « Le synode délibère sur toutes les ques-
« tions qui intéressent l'administration, le bon ordre ou la
« vie religieuse, sur les œuvres de charité, d'éducation et
« d'évangélisation établies par lui ou placées sous son pa-
« tronage. »

Quant aux consistoires israélites, l'art. 22 de l'ordonnance du 25 mai 1833 est suffisamment clair à cet égard :
« Chaque année, dit-il, le consistoire adresse au préfet un

« rapport sur la situation morale des établissements de
« charité, de bienfaisance ou de religion spécialement des-
« tinés aux Israëlites. »

La conclusion qui résulte de l'examen de ces divers textes, c'est que les divers établissements qu'ils visent ont
une vocation charitable et peuvent s'occuper d'assistance.
Cependant on leur refuse ce droit et l'on prétend les con-
finer dans les services du culte.

Il est vrai de dire que cette solution n'a pas été adoptée
sans hésitations et sans retours en arrière de la part de la
jurisprudence administrative, et les concessions qu'elle est
obligée de faire encore aujourd'hui à l'opinion adverse
prouvent, à l'évidence, combien sont fragiles les fonde-
ments de sa théorie.

Les variations du Conseil d'État sont très curieuses à cet
égard. Après avoir catégoriquement refusé aux fabriques,
dans les deux avis du 20 décembre 1820 et du 14 février
1837, le droit pour elles d'accepter les libéralités qui leur
étaient adressées en faveur des pauvres, pour l'attribuer
aux bureaux de bienfaisance, il revint bientôt sur cette décision et, dans un avis du 4 mars 1841, il pensa qu'il con-
venait d'autoriser simultanément la fabrique et le bureau
de bienfaisance. C'était le système de l'acceptation conjointe
qui fut confirmé par plusieurs avis postérieurs.

Ce système, en voulant ménager tout le monde, ne donnait satisfaction à personne. Il marquait cependant un progrès en faveur de la reconnaissance de la capacité des fabriques. Ce progrès ne tarda pas à s'accentuer et, dans un
avis du 6 mars 1873, la vocation charitable des fabriques
fut consacrée expressément.

Mais ce nouveau système ne dura pas longtemps et, dès

1881, le Conseil d'État revint à sa jurisprudence antérieure. Dans un avis du 7 juillet 1881, il s'exprime ainsi : « Consi- « dérant que les établissements publics ayant été créés en vue « de destinations spéciales, on ne saurait ni étendre leurs « attributions, ni les en dépouiller sans violer la loi de leur « institution. — Considérant que les bureaux de bienfaisance « tiennent des lois, décrets et ordonnances la mission exclu- « sive d'administrer les biens des pauvres et celle de faire la « répartition des recours. Etc.... ».

Et dans un autre avis du 13 juillet 1881, la même thèse est reprise : « Considérant, y est-il dit, que les établissements « publics ne sont aptes à recevoir et à posséder que dans « l'intérêt des services qui leur ont été spécialement confiés « par les lois et dans les limites des attributions qui en « dérivent. — Considérant que ni les fabriques ni les con- « seils presbytéraux n'ont été institués pour le soulagement « des pauvres et pour l'administration des biens qui leur « sont destinés, que la loi du 18 germinal an X, en effet, « n'a eu pour but que de pourvoir à l'administration des « paroisses et au service du culte........ Est d'avis que ni « les Conseils presbytéraux, ni les fabriques, n'ont capacité « pour recevoir des biens dans l'intérêt des pauvres. »

Désormais donc, d'après cette nouvelle jurisprudence, les fabriques n'ont plus le droit de s'occuper d'assistance ; seuls, les bureaux de bienfaisance sont chargés de ce soin et seuls ils doivent bénéficier des libéralités faites aux au- tres établissements en faveur des pauvres.

Toutefois, bien que ces résolutions paraissent catégori- ques, l'administration, pour éviter des difficultés avec les héritiers, permet la distribution des biens légués par les mains de l'intermédiaire désigné au testament. Mais elle a soin de spécifier que c'est une faculté pour le bureau de bienfaisance d'agir ainsi ; qu'on ne peut pas le lui imposer comme une obligation.

Une lettre écrite par le préfet de la Seine, le 9 novembre 1898, au président de la Chambre des notaires de Paris, est édifiante à cet égard : « En fait, rien ne s'oppose, y est-il « dit, à ce que le représentant légal des pauvres, s'inspi- « rant des intentions des bienfaiteurs, recoure, quand ceux- « ci l'ont désiré, à tel ou tel intermédiaire, pour faire par- « venir les secours aux bénéficiaires. »

N'y-a-t-il pas là une inconséquence remarquable qui montre combien est peu fondée la théorie de la jurisprudence administrative ?

En effet de deux choses l'une : ou bien les bureaux de bienfaisance sont les seuls représentants des pauvres et alors pourquoi permettre aux fabriques de distribuer les libéralités en faveur des pauvres? ou bien les fabriques sont capables en matière d'assistance, pourquoi alors leur refuser l'autorisation nécessaire pour accepter les libéralités charitables qui leur sont adressées?

Ces hésitations et contradictions se retrouvent à peu près les mêmes dans la jurisprudence des tribunaux civils. Ceux-ci sont appelés à intervenir dans la matière qui nous occupe soit pour déterminer la capacité des établissements institués, soit pour interpréter les volontés des donateurs et testateurs et les faire respecter.

Sur la question de capacité, la jurisprudence civile suit la jurisprudence administrative. Sur les autres questions, elle se montre plus indépendante et souvent plus logique. C'est ainsi que, dans plusieurs circonstances, des tribunaux, repoussant le principe de la substitution, ont déclaré caduc un legs fait à une fabrique pour les pauvres (1).

Mais les décisions de ce genre sont relativement assez rares, pour cette raison majeure que la caducité est trop manifestement contraire à l'intérêt des pauvres.

Pour éviter une telle conséquence, quelques tribunaux, d'ailleurs peu nombreux, ont adopté le principe de la substitution dans toute sa pureté.

Pour la plupart, la meilleure solution leur a paru être de concilier l'incapacité des établissements institués avec le respect de la volonté du défunt, en laissant au bureau de bienfaisance la propriété des biens, objet de la libéralité et en confiant la distribution de ces biens à l'intermédiaire choisi par le testateur et cela qu'il s'agît de distribution à faire par des ecclésiastiques, par des sœurs de charité, ou même par des juges de paix et autres intermédiaires.

Dans ce sens s'est prononcée la Cour de Riom, par un arrêt du 11 juin 1895 (2).

La Cour d'Agen, dans un arrêt du 22 mars 1899, et le tribunal de Tours, dans un jugement du 28 mars 1899, se sont rangés à cet avis (3).

Enfin la Cour de cassation elle-même a partagé cette manière de voir dans son arrêt du 21 avril 1898 (4).

Il semble résulter de l'examen de ces décisions que la jurisprudence des tribunaux civils comme la jurisprudence administrative reconnaît la vocation charitable des fabri-

---

(1) V. Trib. de Rouen, 19 mai 1890. (*Gaz. Trib.*, 26 et 27 mai 1890).— Trib. civil du Hâvre, 3 juin 1899 (*Gaz. Trib.*, 13-14 novembre 1899).

(2) Cour de Riom, 11 juin 1895 (D. 97, 2, 49).

(3) Cour d'Agen, 22 mars 1899 (*Gaz. des trib.*, 13 septembre 1899). — Tribunal de Tours, 28 mars 1899 (*id.*).

(4) Cour de cassation, 21 avril 1898 (D. 98, I, 455, S., 1898).

ques et autres établissements du même genre; comme celle-ci, elle autorise quelquefois la substitution; mais, tandis que la jurisprudence administrative regarde la condition de distribution par la fabrique désignée au testament comme une condition facultative pour le bureau de bienfaisance, la jurisprudence des tribunaux civils la regarde comme une condition obligatoire pour le bureau de bienfaisance. A un autre point de vue, les tribunaux civils se montrent moins sévères et moins exigeants que l'administration.

Non contente des prérogatives qu'elle attribue aux bureaux de bienfaisance, elle voudrait encore leur réserver un droit de contrôle sur la gestion des sommes dont elle tolère la distribution par les fabriques et autres établissements du même genre. Mais, en présence des nombreux obstacles matériels qu'un tel droit de contrôle présenterait, les tribunaux civils se refusent à sanctionner les prétentions de l'administration.

Dans ce sens, s'est prononcé l'arrêt de la Cour de Riom déjà cité du 11 juin 1895, qui dit : « On ne peut admettre « que la testatrice ait voulu imposer l'obligation de rendre « compte à celui auquel elle accordait sa confiance pour la « distribution des sommes léguées. La quittance des arré- « rages que donnera le curé à chacune de ses réceptions « suffira à la commission administrative du bureau de « bienfaisance pour la justification de l'emploi qui a été « fait des arrérages tombés dans la caisse dudit bureau. »

A ce propos, M. Planiol s'exprime ainsi : « Il faut re- « connaître que du moment où la distribution des secours « par un intermédiaire est admise comme licite, la sup- « pression du contrôle du bureau de bienfaisance en est « une suite nécessaire. Comment s'y prendrait le prêtre

« pour se procurer les pièces justificatives nécessaires à la
« comptabilité du bureau! Chaque fois qu'il laissera
« une aumône dans une pauvre demeure faudra-t-il qu'il
« s'en fasse donner quittance ? Et si la personne secourue
« ne sait on ne peut écrire, faudra-t-il qu'il aille chercher
« des témoins? Une liste des personnes secourues avec les
« sommes n'a aucune force probatoire ni aucune valeur
« juridique. C'est une mesure de pure forme. En supposant
« cet état fidèle, il enlèverait à l'intervention du curé son
« plus grand avantage. La discrétion absolue qui entoure
« la distribution d'aumônes par un prêtre permet d'attein-
« dre des malheureux peu fiers d'être connus (1). »

Ces réflexions si judicieuses n'ont pas été goûtées par
l'administration, qui, dans plusieurs circonstances, a osé
tenté d'exiger la liste nominative des pauvres assistés par
l'intermédiaire avec l'indication de la somme remise à chacun d'eux, au risque de se trouver en conflit avec la juridic-
tion civile en cette matière.

Faut-il s'étonner de ces contradictions?

Nullement, car ici nous sommes sur un terrain où règne
l'arbitraire le plus absolu. La loi est violée. Qui empêchera
de nouvelles atteintes au respect de la liberté de la charité?
Qui arrêtera l'État sur la pente glissante où il est engagé ?
Il tend de plus en plus au monopole de l'assistance, s'effor-
çant d'accaparer à son profit toutes les manifestations de
l'action privée, au lieu de se borner à les stimuler et à les
faciliter.

Mais le résultat atteint par lui pourrait bien être le contraire de celui qu'il devrait chercher.

(1) Cf. Planiol, note s. Riom, 11 juin 1895 (D., 97, 2, 49).

En effet, la charité n'aime pas le joug ni la contrainte. Elle entend rester libre et n'accorde ses faveurs qu'à celui qui la respecte. Au contraire elle se détourne de celui qui semble vouloir l'assujettir.

Ingénieuse, elle sait alors trouver des voies nouvelles pour échapper aux entraves et se produire librement.

Il n'est pas plus facile de la maîtriser ni de l'étouffer, car c'est un besoin trop impérieux. Elle presse ceux qu'elle inspire : « *Charitas urget nos.* »

L'État a donc tout à gagner à rentrer en grâce avec elle. Il doit la considérer comme une alliée, au lieu de la tenir en suspicion et de multiplier les obstacles à son œuvre bienfaisante.

POITIERS. — IMPRIMERIE BLAIS ET ROY, 7, RUE VICTOR-HUGO, 7.